Historia incaica

500 datos interesantes sobre los incas

Índice de contenidos

Introducción

Explore uno de los imperios más intrigantes de la historia: la antigua civilización incaica de América del Sur. Descubra cómo esta gran sociedad surgió y cayó e influyó en aspectos que todavía se perciben. **Encontrará muchos datos sobre el gobierno y la estructura política incaica,** su religión, festivales, comida, opciones de ropa y arte. Sus habilidades en agricultura y acuicultura ayudaron a transformar un reino en un gran imperio.

Cada capítulo ilustra por qué los incas tuvieron tanto éxito, a la vez que desvela las causas de su caída final **cuando se enfrentaron a los conquistadores españoles** en el siglo XVI.

Aprenderemos sobre la guerra civil entre **Huáscar** y **Atahualpa,** Manco Inca Yupanqui, y la rebelión contra los españoles liderada por **Túpac Amaru.**

Venga a compartir este viaje a una antigua civilización llena de secretos.

Surgimiento de la civilización incaica

(1200-1400)

El surgimiento de la civilización incaica en América del Sur es un tema fascinante que ha intrigado a historiadores y arqueólogos durante décadas. Examine veinticinco datos interesantes sobre el estilo de vida incaica temprano, incluidos aquellos datos sobre su ejército y comercio.

1. **El Imperio inca se formó en el año 1200** cuando diferentes tribus se unieron bajo un solo gobernante.

2. La civilización incaica se encontraba en la Cordillera de los Andes de América del Sur.

3. **El rey, o Sapa Inca (que significa el "gran inca" o el "único inca"),** tenía un palacio real en Cuzco (**actual Perú**) hecho de piedra. El palacio estaba decorado con inmensas cantidades de oro, plata y piedras preciosas.

4. Los incas eran hábiles agricultores, constructores y comerciantes.

5. **El calendario inca se dividía en doce meses basados en el año solar.** También tenían un calendario basado en la posición de las estrellas en el cielo nocturno. Esta combinación de cómputo de tiempo eventualmente condujo a inexactitudes, pero para ese momento, era un logro increíble.

6. Los incas construyeron templos prominentes para honrar a los dioses de diferentes regiones del imperio, pero también crearon santuarios más pequeños dedicados a las deidades locales en las aldeas.

7. **Construyeron casas de piedra y barro** y las decoraron con telas de colores.

8. **Los incas creían que sus estructuras en forma de pirámide en terrazas llamadas "ushnus"** eran picos de montañas sagradas que representaban el poder espiritual de su civilización.

9. Los incas utilizaban un sistema de puentes de cuerda para cruzar ríos y barrancos.

10. **Desarrollaron formas de almacenar alimentos liofilizando patatas,** generalmente aquellas pequeñas patatas negras llamadas "papa amarga". Este proceso se llamaba "chuño" y consistía en pisotear verduras congeladas para eliminar la humedad.

11. Los incas usaban llamas para el transporte.

12. **Los incas eran muy religiosos y tenían muchos dioses**, cada uno con poderes especiales sobre ciertos elementos, como ríos, montañas o tormentas.

13. **Los incas creían en la reencarnación y el sacrificio humano,** aunque había diferentes creencias y prácticas en diferentes partes del imperio.

14. **Los incas eran una sociedad patriarcal**, con hombres que ocupaban casi todas las posiciones de poder.

15. La coya, la esposa del Inca Sapa, era una de las pocas mujeres que tenía poder real. Las acllas eran sacerdotisas y también tenían cierta influencia.

16. Construyeron grandes fortalezas llamadas "pucaras" para proteger sus ciudades.

17. **Los incas eran hábiles metalúrgicos** y creaban herramientas como hachas de bronce o de cobre aleado con estaño.

18. **Los artesanos incas hacían tapices** y otros tipos de tejido de lana de alpaca.

19. El cultivo más importante de los agricultores incaicos era el maíz, que se utilizaba de varias maneras en alimentos y bebidas.

20. Los incas adoraban las montañas, pues creían que eran dioses.

21. Los incas tenían un fuerte sentido de comunidad y eran conocidos por su hospitalidad.

22. Tenían un sistema de cuerdas anudadas llamadas "quipus" para registrar información.

23. La mayoría de las ciudades tenían plazas para reuniones públicas y celebraciones donde la gente podía reunirse con fines de culto o entrenimiento.

24. **Los incas establecieron su capital en Cuzco, Perú,** en el siglo XII. El Imperio inca comenzaría en el siglo XV.

25. Este incluía partes del Perú moderno, Chile, Ecuador, Bolivia, Argentina y Colombia. Llegó a cubrir un área de 400.000 millas cuadradas en su apogeo.

El reinado de Pachacuti Inca Yupanqui

(1438–1471)

Explore el ascenso al poder de Pachacuti Inca Yupanqui con estos diez datos. Descubra por qué fue uno de los gobernantes incas más famosos de todos los tiempos.

26. **Pachacuti fue el primer gobernante inca que gobernó más allá de Cuzco.** Conquistó tierras en el valle del Cuzco (Huantanay) y gran parte del Perú moderno, el norte de Chile y Bolivia.

27. **Pachacuti significa "inversor del mundo" o "agitador de la Tierra".** Se convirtió en el noveno Sapa Inca y preparó el terreno para la prosperidad del Imperio inca.

28. **Pachacuti llegó al poder después de que la tribu Chanca atacara Cuzco,** lo que provocó un conflicto. Como joven príncipe, supuestamente convocó a los dioses para ayudar a los incas en la lucha. Ganaron la guerra y expulsaron a los Chanca de Cuzco.

29. Reconstruyó el Templo del Inti en el complejo de Coricancha y comenzó a construir muros para proteger Cuzco.

30. Pachacuti creó un templo en Cuzco para que la gente pudiera adorar al dios creador llamado Viracocha. Los incas adoraban a esta deidad desde antes de que existiera el Imperio inca.

31. **Pachacuti es famoso por transformar el imperio** en un estado organizado con un fuerte gobierno central.

32. **Durante su gobierno, construyó Machu Picchu,** una increíble fortaleza ubicada en lo alto de la cordillera de los Andes peruanos.

33. **Pachacuti también construyó fortalezas de la ciudad como Pisac y Ollantaytambo.** Estos eran importantes puestos de avanzada para los nobles incas y los trabajadores agrícolas.

34. **Cuando murió en 1471 d. C., los incas hicieron un duelo de un año.** Luego organizaron una celebración de un mes de duración para su gran líder, durante la cual desfilaron con sus posesiones por todo el imperio, realizaron una batalla simulada en Cuzco y sacrificaron dos mil llamas.

35. Más tarde fue momificado y podría haber sido enterrado en un santuario llamado Patallacta ubicado en Cuzco.

El reinado de Topa Inca Yupanqui

(1471–1493)

Adéntrese en la fascinante historia del reinado de Topa Inca Yupanqui. Estos diez datos le mostrarán por qué Topa Inca Yupanqui fue un célebre gobernante del Imperio inca.

36. **Fue el décimo Sapa Inca del imperio.** Su padre era Pachacuti, y su hermano era Amaru Inca Yupanqui.

37. Topa Inca tuvo un hijo llamado Huayna Capac, que heredó el trono.

38. **En 1471, su padre abdicó**, siendo sucedido por Topa Inca Yupanqui.

39. Topa Inca Yupanqui lideró exitosas campañas militares que expandieron enormemente el territorio inca.

40. **Expandió el imperio** a Ecuador y partes de Chile y Argentina.

41. **Topa Inca Yupanqui creó un sistema tributario basado en bienes**, lo que le permitió mejorar la agricultura en diferentes áreas del imperio.

42. Aprobó leyes sobre el matrimonio, la herencia y el idioma, asegurándose de que todos las siguieran dentro de su imperio.

43. Topa Inca Yupanqui ha sido comparado con Alejandro Magno, ya que esencialmente continuó el programa de expansión que su padre comenzó, al igual que Alejandro cuando heredó el trono macedonio.

44. Durante su reinado, repimió una rebelión en la cuenca del lago Titicaca. Esta revuelta probablemente fue liderada por un líder o tribu local.

45. **Topa Inca Yupanqui ayudó a construir la fortaleza de Sacsayhuamán** en una meseta alta sobre Cuzco. Tenía lugares para guardar comida y ropa.

El reinado de Huayna Capac

(1493–1525)

Este capítulo revelará la fascinante historia de uno de los gobernantes incas más influyentes: Huayna Capac. Explore diez datos sobre su vida, sus logros y su legado.

46. Cuando Topa Inca Yupanqui murió, Huayna Capac se convirtió en el undécimo Sapa Inca.

47. **Aunque los incas ya tenían un sistema de carreteras, Huayna Capac** es conocido por construir dos carreteras esenciales que ayudaron a mejorar el comercio.

48. Huayna Capac lideró invasiones exitosas en el norte que llevaron al Imperio inca hasta el río Ancasmayo, la actual frontera entre Ecuador y Colombia.

49. **Huayna Capac construyó muchas ciudades y carreteras nuevas** que ayudaron a unir partes distantes de su reino bajo una sola regla con fines comerciales y para promover el intercambio cultural entre las regiones.

50. **Huayna Capac no nombró un heredero.** Los historiadores creen que esto podría deberse a varios factores. Tuvo muchos hijos de diferentes esposas, hubo luchas internas políticas y religiosas, y **la llegada de los españoles podría haber interrumpido el proceso.** Debido al tiempo, el lugar y los cambios de la época, quizás haya nombrado a un heredero que luego se perdió en la historia.

51. **Centralizó la burocracia gubernamental, lo que ayudó a mejorar la estabilidad económica en todo el imperio** y garantizaba la legalidad a través de fuerzas militares mejor organizadas bajo una estructura de mando unificada.

52. Huayna Cápac era muy religioso y construyó muchos templos dedicados a los dioses de la religión inca.

53. **Murió alrededor de 1525 debido a una epidemia de viruela** que se había extendido rápidamente por toda América del Sur.

54. **Huayna Capac es recordado como uno de los más grandes gobernantes incas.** Su legado se refleja en muchos sitios arqueológicos, monumentos y artefactos que se han conservado hasta nuestros días.

Guerra civil entre Huáscar y Atahualpa

(1525–1532)

En este capítulo se habla de la guerra civil entre dos medio hermanos, Huáscar y Atahualpa. Descubra diez datos interesantes sobre este conflicto, incluyendo por qué comenzó y cómo afectó al Imperio inca.

55. La guerra comenzó cuando cada hermano afirmó ser el heredero legítimo del trono, ya que su padre había muerto sin nombrar un sucesor oficial.

56. Huáscar contaba con el apoyo de la nobleza. Atahualpa contaba con el apoyo de la mayoría del ejército inca.

57. Muchas de las batallas tuvieron lugar en las laderas de las montañas, a lo largo de los ríos, en los valles y en las costas de las tierras altas del Perú.

58. Decenas de batallas se libraron en los actuales Perú y Ecuador como parte de esta guerra civil.

59. **Atahualpa gobernó el ejército inca en la parte norte del imperio.** Participó en campañas militares para expandir el Imperio inca e incluir el territorio de las tribus que viven en la actual Colombia. Huáscar tenía su base de poder en el sur.

60. **Atahualpa masacró a algunos de sus oponentes para infundir miedo.**

61. Para cuando llegaron los españoles, Huáscar había sido capturado por su hermano tras varias derrotas.

62. Las fuerzas españolas, que llegaron en 1532, lograron debilitar el gobierno de Atahualpa, que ya estaba debilitado por la guerra civil con su hermano Huáscar.

63. **Probablemente miles de personas murieron durante la guerra civil inca.** La guerra fomentó la desunión en un momento en que la unidad era muy necesaria para defenderse de los españoles.

64. La guerra civil inca ha sido vista como un factor importante en la caída del imperio y su posterior colonización por los españoles.

65. **La guerra y sus secuelas provocaron grandes cambios en la región,** ya que las nuevas leyes, costumbres, idiomas, tecnologías y religiones se extendieron por toda América del Sur.

El breve reinado de Atahualpa

(1532–1533)

Este capítulo se sumergirá en el tumultuoso periodo del corto gobierno de Atahualpa. Veremos diez hechos fascinantes sobre su reinado, incluida su muerte a manos de los españoles.

66. **Atahualpa se convirtió en Sapa Inca tras su victoria en la guerra contra su hermano.** Pero su victoria fue vacía, ya que los españoles comenzaron a dominar lentamente su reino.

67. **Atahualpa fue el último emperador efectivo del Imperio inca.** Aunque gobernó oficialmente hasta su muerte, su poder terminó cuando los españoles lo capturaron.

68. **Atahualpa tenía solo treinta años cuando se convirtió en gobernante**, y su gobierno terminó con su muerte aproximadamente a sus treinta y tres años.

69. **Atahualpa hizo matar a su hermano Huáscar mientras estaba bajo la custodia de los españoles.** Atahualpa no quería que Huáscar escapara de su confinamiento y obtuviera el control del imperio.

70. **Antes de que los españoles lo capturaran, Atahualpa** estaba concentrado en debilitar las fuerzas de Huáscar.

71. **Los españoles tramaron una emboscada para capturar a Atahualpa.** Escondieron hombres en la plaza del pueblo donde se reunirían ambos.

72. Atahualpa rechazó las demandas del fraile español Vicente de Valverde de aceptar la fe cristiana y la soberanía española. Cuando se negó, dio la orden a Pizarro de capturar al rey inca.

73. **Los españoles ejecutaron a Atahualpa en 1533.** La muerte de Atahualpa marcó el fin del Imperio inca y el comienzo de la dominación española en América del Sur.

74. Después de tomar el poder de Atahualpa, Francisco Pizarro se declaró gobernador de Nueva Castilla, que más tarde se conoció como Perú.

75. **Tras su ejecución, los restos de Atahualpa fueron enterrados en Cajamarca,** aunque algunas fuentes dicen que su cuerpo finalmente fue desenterrado y momificado.

La conquista española

Este capítulo explora la conquista española, un período monumental que marcó el comienzo de la colonización europea en Perú y cambió para siempre las culturas indígenas. Ya hemos mencionado cómo **Francisco Pizarro asumió el poder en el Imperio inca**. Estos diez hechos fascinantes explorarán otros eventos de la conquista española y cómo cambiaron la región.

76. **Francisco Pizarro dirigió la invasión de lo que hoy es Perú en 1532.** Era primo segundo del famoso conquistador de México, Hernán Cortés.

77. **Se cree que los españoles pudieron superar al Imperio inca** debido a sus armas superiores, la desunión entre los incas y la captura de su emperador.

78. **A pesar de las fuerzas devastadoras de la colonización,** muchas características significativas de la cultura inca sobrevivieron al período colonial e incluso existen en la actualidad.

79. Después de la conquista, las formas culturales, incluida la música y las artes, perduraron y ayudaron a las tribus indígenas a mantener la solidaridad frente a las condiciones socioeconómicas opresivas.

80. Durante la época colonial española, el arte, especialmente en Cuzco, mezcló símbolos locales y referencias culturales en pinturas religiosas al estilo de los españoles. Esto creó un nuevo estilo híbrido de arte religioso.

81. Autores indígenas que aprendieron a hablar y escribir español buscaron reconstruir la historia inca desde la perspectiva de los vencidos en la lengua del colonizador.

82. **Los incas fueron sometidos a varias atrocidades debido al colonialismo,** que estaba motivado principalmente por un deseo egoísta de beneficiarse de la explotación económica.

83. Los misioneros franciscanos, dominicos y jesuitas a menudo permitían aspectos de los rituales ceremoniales andinos para ayudar a convertir a sus súbditos al catolicismo.

84. Para crear legitimidad política, los conquistadores y las poderosas familias españolas se casaban frecuentemente con la monarquía inca. Esto se llamaba "mestizaje" y es un tema complejo y controvertido.

85. **Con la captura española de la capital inca de Cuzco en 1533,** Pizarro hizo emperador del imperio de transición al hermano menor de Atahualpa, Manco Inca.

Enfermedades extranjeras en el Imperio inca

Los efectos devastadores de las enfermedades en el Imperio inca a menudo se pasan por alto en la historia, sin embargo, fue una parte integral de su colapso. La viruela y otras enfermedades se propagaron a través de la población inca y cambiaron su sociedad para siempre.

86. **La principal enfermedad que afectó al Imperio inca fue la viruela**. Es una enfermedad contagiosa causada por un virus y puede ser mortal si no se trata adecuadamente.

87. Los conquistadores españoles también se vieron afectados por la viruela, pero tenían cierta inmunidad.

88. **El pueblo inca no tenía inmunidad ni tratamiento efectivo para la viruela**, por lo que muchos de ellos murieron. Se estima que alrededor del 50 por ciento de los incas murieron de viruela.

89. Los sobrevivientes restantes quedaron debilitados y vulnerables a otras enfermedades, como el tifus o el sarampión, que diezmaron aún más su población.

90. **La propagación de la viruela causó una gran interrupción en el gobierno inca**, lo que ayudó a llevar a su eventual colapso poco después de que Francisco Pizarro llevara sus fuerzas a Perú.

El reinado de Manco Inca Yupanqui

(1533–1544)

Este capítulo desvelará el notable reinado de Manco Inca Yupanqui, una figura fundamental en la historia del Imperio inca. Echaremos un vistazo a su legado examinando diez datos interesantes sobre su vida y su valiente lucha contra la colonización española.

91. Manco Inca nació con el nombre de Manco Capac II, que significa "gran cimiento" en la lengua quechua.

92. **Manco apoyó el reclamo de poder de Huáscar.** Cuando los españoles capturaron a Atahualpa, Manco inicialmente creyó que los españoles salvarían Cuzco, pero se dio cuenta de que su objetivo era el dominio total del Imperio inca.

93. Manco Inca era uno de los hijos de Huayna Cápac. Se convirtió en un gobernante títere de los colonizadores españoles tras el asesinato de Huáscar y la captura y asesinato de Atahualpa.

94. **Los españoles maltrataron abiertamente a Manco Inca mientras estaba en Cuzco,** y robaron su casa varias veces. Los hermanos Pizarro (Gonzalo y Juan), que quedaron a cargo de la región, no hicieron nada para detenerlo, hasta probablemente lo alentaron.

95. Después de escapar del control español, Manco Inca dirigió un ejército de decenas de miles de soldados incas contra los conquistadores españoles.

96. Manco Inca estableció su propia ciudad capital en la remota región de Vilcabamba, donde continuó resistiendo durante varios años.

97. **Manco tomó algunas armas de los invasores españoles.** Estaba preparando a sus hombres para usar estas armas, ajustándose a los cambiantes tiempos de combate, cuando fue asesinado en su capital.

98. En 1544, traidores españoles llegaron a Vilcabamba por seguridad después de matar a Francisco Pizarro. Asesinaron a Manco Inca II.

99. **Manco Inca era conocido por su valentía y tácticas,** pero también era respetado por su sabiduría y amabilidad hacia su gente.

100. **Manco Inca todavía es celebrado como un héroe del pueblo inca,** y su historia continúa inspirando a muchos pueblos indígenas en América del Sur.

El reinado de Túpac Amaru
(1571–1572)

Este capítulo discutirá la vida y el reinado de Túpac Amaru, el último gobernante del Imperio neo-inca. Examinaremos diez hechos sobre su resistencia al dominio español y cómo terminó esa resistencia.

101. **Túpac Amaru, otro hijo de Manco Inca II**, fue el último gobernante del Imperio neoincaico. **"Neoincaico" significa "nuevo inca"** y se refiere a los intentos del inca de formar un nuevo gobierno después de la invasión española.

102. Su nombre significa "serpiente brillante" en quechua.

103. **Cuando Francisco de Toledo, el quinto virrey español de Perú, se enteró del caos tras la toma de Perú**, estaba decidido a poner fin a la resistencia de los nativos y restaurar la autoridad española con mano firme.

104. Aunque dirigió un ejército contra los españoles, Túpac Amaru no pudo conseguir una victoria contra el enemigo europeo, que estaba mejor equipado y mejor organizado.

105. Túpac Amaru se escondió en los espesos bosques al este de Vilcabamba, pero las fuerzas de Toledo lo encontraron y se lo llevaron.

106. **Túpac puedo haber avanzado más rápido al escapar**, pero su esposa estaba esperando un hijo, y eso lo frenó bastante.

107. Túpac Amaru fue ejecutado públicamente en 1572 como símbolo de la victoria de España.

108. Muchos misioneros católicos creían que Túpac Amaru no había hecho nada malo y querían que fuera juzgado en España.

109. Los españoles querían usar a Túpac Amaru como lección para desalentar más levantamientos incas y decidieron colgarlo. Algunas fuentes dicen que miles de personas fueron testigos de su muerte.

110. **Túpac Amaru fue conocido como un valiente guerrero** que luchó con valentía contra las fuerzas españolas decididas a conquistar el modo de vida y los recursos de su pueblo.

El fin de la resistencia inca y el cambio cultural en el Perú
(1572–1780)

Durante siglos, la civilización incaica dominó el paisaje del Perú. Sin embargo, esto cambió en 1572 cuando el Imperio neoincaico cayó. **La cultura inca evolucionó**, presentando una mezcla de costumbres, creencias e idiomas incas y españoles. Veamos diez hechos sobre lo que sucedió después de que terminó la resistencia inca.

111. La resistencia inca terminó en 1572 cuando su líder, Túpac Amaru, fue capturado y asesinado en mano de los españoles.

112. El final de la resistencia incaica marcó un cambio fundamental de las formas de vida tradicionales e indígenas a una sociedad más europea. Sin embargo, muchas personas en la colonia española, especialmente al comienzo, no recibían este cambio con entusiasmo.

113. Los españoles trajeron nuevas tecnologías y aspectos culturales que no se habían visto antes en América del Sur.

114. Cuando llegaron los europeos, trajeron caballos, lo que facilitó el viaje a través de terrenos intransitables, y les permitió conquistar territorios más rápido que nunca.

115. El cristianismo se convirtió en una fuerza dominante, reemplazando muchas creencias tradicionales de los grupos indígenas.

116. **Los españoles establecieron un sistema de trabajo forzoso** que requería que los indígenas proporcionaran trabajo no remunerado en fincas de propiedad española o en minas.

117. **En 1780, un levantamiento dirigido por Túpac Amaru II, hijo de madre española y padre inca**, intentó derrocar el dominio español, pero finalmente fracasó. Sin embargo, este evento sirvió como un momento crucial en la resistencia peruana, preparando el terreno para el eventual logro de la independencia más de cincuenta años después.

118. **Los españoles adquirieron nuevos alimentos**, como el tomate, el pimiento y el chocolate. Estos alimentos finalmente fueron llevados a Europa.

119. En este período también se produjeron cambios en la arquitectura, ya que las iglesias tenían fachadas de estilo español y, al mismo tiempo, incorporaban características indígenas típicas.

120. A principios del siglo XIX, Perú había desarrollado una identidad distintiva al combinar elementos europeos e indígenas.

Rebelión inca

(1780–1783)

Este capítulo profundiza en la fascinante historia de la Rebelión inca. Exploraremos diez datos interesantes sobre los valientes líderes de la rebelión, sus tácticas y los efectos duraderos de este tumultuoso período de la historia.

121. Túpac Amaru II, también conocido como José Gabriel Condorcanqui, nació en la región Tinta del Perú. Lideró la rebelión hasta su muerte en 1781.

122. La Rebelión fue una revuelta de los indígenas contra los españoles en América del Sur que duró entre 1780 y 1783.

123. **Los incas bajo Túpac Amaru II obtuvieron una gran victoria en la batalla de Sangarará** el 18 de noviembre de 1780. Esta victoria dio a los rebeldes el control de la ciudad de Cuzco por un corto tiempo.

124. Decenas de miles de guerreros nativos se unieron a la rebelión, que se extendió rápidamente por las regiones andinas.

125. **Las mujeres eran líderes importantes dentro del movimiento. Micaela Bastidas** ayudó a llevar a las tropas a la batalla junto a su esposo, Túpac Amaru II.

126. **Los rebeldes utilizaron tácticas de guerrilla para luchar contra un número de fuerzas españolas mayor y mejor equipadas** durante meses hasta que finalmente fueron derrotados a principios de 1782, aunque los focos de lucha continuaron hasta 1783.

127. La rebelión causó daños económicos y escasez de alimentos, hambruna y enfermedades entre las poblaciones nativas y coloniales.

128. **El famoso rapero Tupac lleva el nombre de Túpac Amaru II,** ya que su madre quería que llevara el nombre de un líder revolucionario indígena.

129. Túpac Amaru II fue capturado por los realistas incas que apoyaban a España durante una batalla en 1781 y fue condenado a muerte por los españoles.

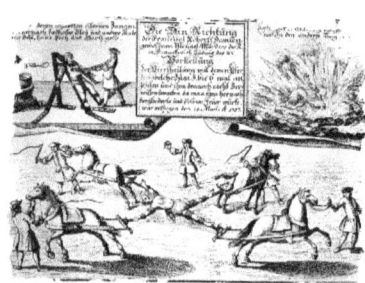

130. **La Rebelión inca recibió un duro golpe cuando los españoles ejecutaron a Túpac Amaru II, su esposa y sus hijos** en mayo de 1781. Se suponía que debía ser descuartizado (desmembrado), pero los caballos no lograron arrancarle las extremidades, por lo que finalmente fue decapitado.

Religión y espiritualidad inca

Adéntrese en el fascinante mundo de la espiritualidad inca. Revelaremos treinta y cinco datos curiosos sobre su religión, incluidos sus sacerdotes y ceremonias. **La mayoría de la gente conoce a los incas por su poderío militar**; ahora es el momento de aprender por qué deberían ser conocidos por su religión.

131. **Los incas creían en muchos dioses y diosas** que controlaban los elementos naturales como las montañas, los lagos, los ríos, el sol y la luna.

132. **Su dios principal era Inti (el dios del sol)**, que los incas creían que les daba vida y energía.

133. **Los sacerdotes eran miembros muy respetados de la sociedad porque se comunicaban con los dioses en nombre del pueblo.** Pedían protección o favores a los dioses, y se tenía mucho cuidado al realizar ceremonias o sacrificios en los templos.

134. **Los incas practicaban una forma de culto a los antepasados.** Creían que sus antepasados tenían el poder de influir en el futuro.

135. **En Cuzco, el sumo sacerdote se llamaba "uma uillaca".** Estaba en la cima de la jerarquía de sacerdotes. El "hatun uillaca", que actuaba como un obispo, estaba justo debajo del sumo sacerdote. El "yana uillaca", o sacerdote ordinario, estaba directamente debajo.

136. Los incas creían que beber té hecho de coca, el ingrediente principal de la cocaína, les daría poderes espirituales. Este té se usaba a menudo en ceremonias religiosas o lo consumían los chamanes antes de realizar rituales.

137. **Los chamanes eran curanderos que se comunicaban con los dioses a través de visiones**, lo que les permitía diagnosticar enfermedades o proporcionar orientación sobre asuntos importantes como la guerra.

138. **La música jugaba un papel esencial en la espiritualidad inca.** Durante los rituales se utilizaban instrumentos como las flautas de pan, y se cantaban canciones para honrar a diferentes deidades.

139. Las creencias espirituales también tenían un lado práctico. Por ejemplo, los ritos de paso a la edad adulta incluían largas caminatas por las montañas donde uno podía comunicarse más estrechamente con los dioses. **Estos viajes no solo tenían que ver con la adoración**; también tenían que ver con ganar fuerza y sabiduría de la naturaleza.

140. Los incas creían que algunos lugares tenían una conexión especial con los dioses y tenían poderes milagrosos. Estos lugares se llamaban huacas y tenían un papel importante en la sociedad.

141. Los cuerpos de muchas víctimas de sacrificios eran llevados a grandes altitudes donde el aire frío y seco preservaría mejor sus cuerpos.

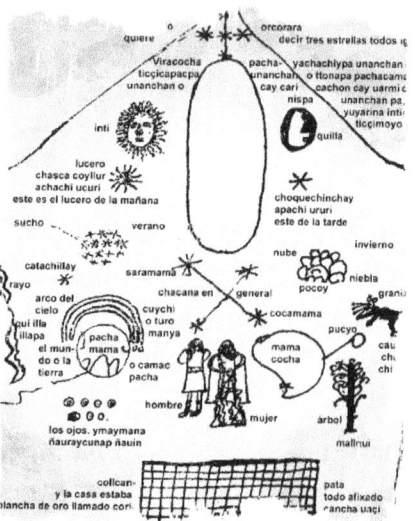

142. Una de las momias incas más famosas es conocida como la "Dama de Ampato" o **"Juanita"**. Fue descubierta en 1995 en la cima del volcán Ampato en el sur de Perú. **Se cree que Juanita era una niña** de entre doce y catorce años que fue elegida como ofrenda a los dioses. Su momia bien conservada proporcionó información valiosa sobre las prácticas y rituales de momificación inca.

143. **Las regiones del Imperio inca tenían un sistema único de sacrificio conocido como "capacocha",** donde los niños de familias nobles eran seleccionados para ser sacrificados y momificados en una ceremonia destinada a garantizar buenas cosechas y proteger al imperio de cualquier daño.

144. **La momificación era parte de elaborados rituales funerarios** que enfatizaban la importancia del papel del difunto en la comunidad y su conexión con el reino espiritual.

145. Los incas creían que los espíritus de sus antepasados podían regresar del más allá para comunicarse con ellos a través de los sueños. Estos mensajes se tomaban en serio y servían de guía para alcanzar una manera mejor de vivir la vida.

146. **El cactus peyote se usaba durante las ceremonias religiosas debido a sus propiedades alucinógenas**, lo que permitía a los chamanes acceder a los reinos espirituales. También bebían chicha, un brebaje hecho de otras plantas alucinógenas. Esta práctica todavía se observa hoy en día entre algunas comunidades indígenas.

147. El dios inca del inframundo era Supay. Es un dios poderoso y muy temido por el pueblo inca. Supay era representado como una serpiente gigante con un rostro humano. Estaba asociado con la muerte, la oscuridad y el mal.

148. **También se asociaba con terremotos.** El inca creía que Supay causaba terremotos cuando estaba enojado.

149. **Los incas a menudo hacían ofrendas a Supay en un intento de apaciguarlo y prevenir terremotos.** Toda la región occidental de América del Sur es particularmente propensa a terremotos, por lo que Supay desempeñaba un papel muy importante en la vida de los incas.

150. La mitología inca incluye historias sobre figuras poderosas como Viracocha, quien creó a los humanos con arcilla, y Pachamama, la diosa "Madre Tierra".

151. Creían en una vida futura y momificaban a sus gobernantes muertos para ayudarlos a llegar a este lugar.

152. Los incas enterraban alimentos, herramientas y otros artículos con los muertos para que tuvieran artículos cuando llegaran al más allá.

153. En la antigüedad, se pensaba que ciertas montañas eran tan sagradas que no se debían escalar. Estos sitios todavía existen hoy en día y se consideran fuera del alcance de las personas.

154. Durante las ceremonias religiosas se usaban máscaras hechas de oro u otros materiales. Cada máscara tenía un significado especial, dependiendo de qué dios representara.

155. Los chamanes a menudo usaban máscaras porque se pensaba que les ayudaban a comunicarse con los espíritus más fácilmente.

156. Los incas creían que el mundo estaba dividido en tres partes: hanaq pacha (el mundo de arriba), kay pacha (este mundo) y ukhu pacha (el mundo de abajo).

157. **Se pensaba que las curaciones milagrosas eran posibles a través de la intervención espiritual.** Por ejemplo, si una persona estaba enferma y creía que su enfermedad provenía de un espíritu maligno, los chamanes realizaban rituales que expulsaban la mala energía.

158. La **Pachamama, o Madre Tierra, estaba asociada con la agricultura y la tierra** y se decía que la diosa hacía que los campos fueran fértiles. Influía especialmente en tierras altas, donde la agricultura era esencial.

159. **Se creía que ciertos lugares tenían energías poderosas.** Muchas personas todavía consideran a estos sitios como algo sagrado hoy en día. Por ejemplo, Machu Picchu en Perú.

160. **Los incas creían en un orden cósmico dictado por sus dioses**, incluyendo conceptos como el equilibrio entre fuerzas opuestas y la reciprocidad (devolver lo que uno ha recibido).

161. **Los incas también aceptaban la idea de la reencarnación.** Pensaban que después de que una persona moría, su espíritu podía entrar en otro cuerpo para continuar su viaje por la vida.

162. **Viracocha era considerado el creador de la humanidad en Tiwanaku (Bolivia) o en las Islas del Sol en el lago Titicaca**, que se extiende a ambos lados de la frontera entre Perú y Bolivia. Ambos lugares se convirtieron en importantes destinos de peregrinación para los incas.

163. **Los incas creían en una visión cíclica del tiempo**, y pensaban que el mundo terminaría y renacería cada quinientos años. **Esto se llamaba** "*pachakuti*", que significa "rotación del mundo" o "inversión del mundo" en quechua.

164. **Los incas creían que el mundo terminaría en una serie de desastres naturales**, como terremotos, inundaciones y sequías. También creían que el sol se apagaría y que las estrellas caerían del cielo.

165. Después de que el mundo terminara, los incas creían que renacería con una nueva forma. El nuevo mundo sería un paraíso sin hambre, enfermedad o muerte.

Las costumbres incaicas sobre muerte y entierro

Esta sección discutirá las costumbres, rituales y prácticas asociadas con la muerte y el entierro entre los incas desde 1200 hasta 1532. Veinte datos interesantes sobre cómo los incas honraban a sus muertos.

166. La muerte era una parte importante de la vida de los incas y presentaba costumbres muy específicas.

167. **Cuando un líder importante moría, su cuerpo era momificado** y sepultado en una cámara especial hecha de bloques de piedra llamada "huaca".

168. Tras su muerte, muchos incas importantes fueron enterrados en tumbas elaboradas en lo alto de las laderas de las montañas para que sus espíritus pudieran estar más cerca de los dioses que vivían por encima de las nubes.

169. Los miembros de la familia a menudo permanecían cerca de los sitios de entierro durante varios días como parte de los rituales de duelo.

170. **La muerte en la cultura incaica implicaba dos etapas.** La primera etapa era *wañuq*. Aquí, la persona que moría entraba en el reino de los muertos. Después del *wañuq*, el cuerpo se convertía en un *aya*, que significa "cuerpo muerto". El cuerpo espiritual se separaba del cuerpo físico.

171. En el Imperio inca, ciertos sitios de entierro pertenecían a familias o clanes específicos. Se podía rastrear a antepasados de muchas generaciones atrás.

172. Muchas de estas tumbas estaban decoradas con coloridos murales y esculturas que ayudaban a contar historias sobre el pasado de la familia.

173. **Algunas tumbas incluso contenían réplicas en miniatura de casas,** que simbolizaban un lugar para que los espíritus descansaran después de la muerte.

174. **Era una práctica común entre algunas culturas enterrar a sus muertos** mirando hacia el este para que pudieran ver su reino mientras esperaban ascender a los cielos.

175. **Los curacas, o gobernantes regionales, eran respetados y tratados de manera similar a la realeza.** Para ayudar a los curacas a prepararse para el más allá, eran momificados y colocados en un lugar especial lleno de diferentes artículos.

176. **Los lugareños sacrificaban llamas y cobayas como parte del ritual** para los curacas y dejaban textiles finos, cerámica y chicha en la tumba.

177. Los dolientes a menudo cantaban canciones durante las procesiones fúnebres, lo que les ayudaba a honrar a sus muertos.

178. **Algunas tribus del Imperio incaico creían que colocar rocas encima de las tumbas** garantizaba protección contra espíritus malignos que entraban en su mundo después de la muerte.

179. En partes de Perú donde el suelo no era lo suficientemente adecuado para enterrar personas, las familias solían incinerar a sus muertos.

180. Después de que se incineraba un cuerpo, las cenizas a menudo se colocaban en urnas y se enterraban bajo tierra o se dispersaban por áreas importantes para la tribu, como ríos, lagos y lugares sagrados.

181. También era una práctica común enterrar artículos que habían sido utilizados por el difunto mientras estaba vivo, como herramientas o armas de trabajo o caza.

182. **Los incas vestían al cuerpo momificado del emperador con una fina *uncu* (túnica), sandalias, tocado, joyas y orejeras,** tal como él se habría puesto en vida. Luego se cubría con cinco o seis capas de los mejores textiles cumbi (una tela fina tejida con piel de vicuña y típicamente entrelazada con plata, oro, plumas y Spondylus).

183. **Algunas tumbas incluso incluían momias de llamas, alpacas y otros animales.** Los incas creían que estas criaturas ayudarían a guiar a sus dueños de manera segura hacia el más allá.

184. **Los incas a menudo construían monumentos en las tumbas,** como estatuas de deidades asociadas a la muerte y a los rituales funerarios.

185. Durante mucho tiempo, se creyó que algunas momias habían sido enterradas vivas, pero no es cierto.

Sacrificio humano en el Imperio inca

En ciertos momentos y bajo ciertas condiciones, **los incas, al igual que otras culturas precolombinas de América del Sur y Central, practicaban el sacrificio humano.** Lo que llama la atención sobre los incas era que, a menudo, las víctimas de estos rituales eran niños. Estos son diez datos interesantes sobre los sacrificios humanos incas.

186. **El sacrificio humano tenía un significado religioso en la cultura inca.** Se creía que apaciguaba a las deidades y aseguraba el bienestar del imperio.

187. Los sacrificios humanos podrían ser por estrangulación, golpes, exposición al frío u otro método.

188. Cada método de muerte tenía un propósito y simbolismo distintos.

189. **Se realizaban sacrificios de niños (*capacocha*).** Los niños eran seleccionados por su pureza e inocencia.

190. **Los niños sacrificados tenían típicamente entre cuatro y catorce años.** Se elegían en función de sus atributos físicos, linaje y otros factores.

191. Las víctimas de los sacrificios, incluidos los niños, eran tratadas con respeto y adornadas con ropa fina y joyas antes del ritual.

192. Muchos sacrificios de niños se llevaban a cabo en lugares como picos de montañas o lagos porque se consideraban sagrados.

193. Las ofrendas valiosas, como textiles, cerámica, alimentos y estatuillas, se colocaban junto a las víctimas como ofrendas a los dioses.

194. **El sacrificio humano estaba vinculado a la jerarquía social y la dinámica de poder**, y los gobernantes y las élites a menudo conducían y se beneficiaban de estos rituales.

195. La práctica del sacrificio humano, especialmente el sacrificio de niños, disminuyó con la llegada de los conquistadores españoles, que buscaban suprimir estos rituales.

Festividades de los incas

La civilización incaica celebraba numerosos festivales al año. En este capítulo, daremos a conocer treinta datos interesantes sobre los festivales incas, incluidas las actividades que se realizaban y por qué se celebraban en primer lugar.

196. Los incas celebraban ocasiones especiales como las cosechas, los solsticios y las victorias en las batallas.

197. Los festivales a menudo incluían bailes, música y fiestas durante horas o días.

198. Durante algunos festivales, habría competiciones como carreras o torneos de juegos de pelota entre aldeas para obtener premios, como comida o ropa.

199. Muchos festivales incluían disfraces coloridos con plumas, joyas y tocados. La mayoría de los disfraces estaban hechos de piel de alpaca o llama.

200. **Uno de los festivales más importantes se llamaba Inti Raymi**, donde se celebraba el solsticio de invierno y el dios sol cada 24 de junio. La celebración duraba nueve días. Recuerde, los lugares al sur del ecuador celebran su invierno a mediados de año.

201. Durante el Inti Raymi, se sacrificaba una llama para agradecer a Inti por todas las bendiciones que les había otorgado durante el año.

202. Algunos festivales incluían obras dramáticas, llevados a cabo por actores disfrazados de deidades que representaban historias sobre la creación del universo.

203. Los incas usaban grandes máscaras doradas durante los festivales para representar a sus dioses.

204. El solsticio de verano se llamaba Capac Raymi y se celebraba el 21 de diciembre.

205. Un mes después del solsticio de verano, se celebraba el festival Capac Raymi Camay Quilla, que significa "Festival de la luna".

206. Los incas también celebraban sus victorias en batalla con banquetes y bailes.

207. Los incas creían que a sus dioses les complacería el sonido de tambores, flautas, silbidos, caracolas y pájaros.

208. **Otro festival importante era el Festival Yawar** (o **"Festival de sangre"**). Era una celebración ritual que implicaba la liberación y el sacrificio ocasional de aves cautivas.

209. **El Festival de Yawar se llevaba a cabo para honrar a los dioses de la montaña** y garantizar el bienestar de la comunidad. A menudo tenía lugar en septiembre.

210. El festival Aymoray (Hatun Cuzqui), que significa "cultivo excelente", se celebraba en mayo.

211. **Durante el Aymoray, había una cosecha ritual de campos sagrados de maíz**, seguida por bailes y cantos, y gente pidiendo a los dioses que los bendijeran con suficiente grano hasta la próxima cosecha.

212. **Por lo general, había algún tipo de ceremonia dedicada a una deidad cada mes.** Se estima que había más de cuarenta festivales a lo largo del año calendario incaico.

213. **Durante un evento llamado Sapa Inca Raymi (o Festival Real)**, la gente festejaba durante nueve días seguidos por orden del Sapa Inca. A menudo se realizaba en tiempos de triunfo o celebración, como nombrar a un nuevo gobernante.

214. **El Festival Real a menudo involucraba a más de diez mil participantes**, incluidos sacerdotes, guerreros y miembros de la realeza vestidos con trajes elaborados.

215. Se realizaba una variedad de danzas durante los festivales, como el Qhapaq Chunchu. Se trataba de una danza asociada a la nobleza inca.

216. Los bailarines llevaban trajes elaborados y realizaban intrincados movimientos de pies y manos.

217. **¡La comida es una parte importante de cualquier festival!** Los platos populares incluían cobayas, patatas, maíz y frutas como papayas y aguacates.

218. Durante algunas ceremonias religiosas, los sacerdotes usaban ropa colorida hecha de plumas y pelaje de llama, y guiaban a las personas en oración.

219. En muchos festivales, los músicos tocaban tambores, flautas y flautas de pan para crear bellas melodías que resonaban en los valles.

220. Otras formas de entretenimiento, como los malabares o las acrobacias, también eran populares durante las celebraciones.

221. **Wifala era una danza realizada durante el Inti Raymi** (Festival del Sol) y otras festividades importantes. Contaba con bailarines que formaban parejas y se movían en patrones intrincados mientras sostenían bufandas o pedazos de tela. La danza simbolizaba la unidad y el equilibrio entre los diferentes elementos del cosmos.

222. Durante algunos festivales, los jóvenes competían entre sí en carreras o combates de lucha por joyas o armas hechas de oro y plata.

223. El huayno es un estilo tradicional de danza y música andina que es anterior al Imperio inca, pero que se continuó practicando durante el mismo. El baile implica un juego de pies rítmico y movimientos intrincados de las manos. Las danzas huayno a menudo representan escenas de la vida cotidiana, la naturaleza y el entorno circundante.

224. **Los incas creían que era imperativo vivir en armonía con la naturaleza**, por lo que incorporaron elementos de la naturaleza en muchos rituales y festivales.

225. **Los incas también creían en el poder de las palabras**, y a menudo cantaban oraciones especiales durante los festivales para traer buena suerte y protección.

Gobierno y estructura política de los incas

Aprecie el avanzado gobierno del Imperio inca con estos veinticinco hechos intrigantes sobre su estructura política. Explore cómo gobernaban los incas y cómo mantenían su imperio funcionando sin problemas.

226. **Los incas fueron el último gran imperio indígena en América del Sur.** El registro histórico muestra gobiernos organizados en América del Sur que se remontan a la cultura Chavín (c. 900-200 a. C.)

227. **El Sapa Inca**, en cierto modo, era considerado el único con poder real en el Imperio inca. Todos los demás estaban bajo su poder.

228. Se creía que el Sapa Inca descendía de Inti, el dios inca del sol, lo que significaba que tenía poderes divinos y políticos.

229. **El Sapa Inca se rodeaba de asesores** que lo ayudaban con las decisiones relacionadas a la política y la guerra.

230. **La capital del Imperio inca era Cuzco**, ubicada en el actual Perú. Muchos edificios esenciales se encontraban allí, como los templos dedicados a Viracocha (el creador), Inti (el dios sol) o Pachamama (Madre Tierra).

231. Las ciudades dentro de cada territorio pagaban impuestos que financiaban campañas militares y proyectos de desarrollo.

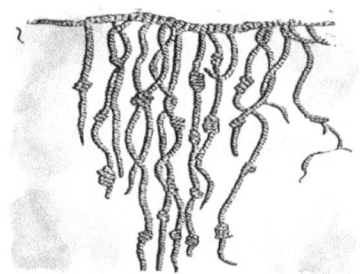

232. El mantenimiento de **registros se realizaba a través de una serie de cuerdas anudadas llamadas quipu**, que permitían al gobierno realizar un seguimiento de los impuestos, los tributos y otra información importante sobre sus ciudadanos.

233. El Imperio incaico practicaba una forma de socialismo donde todos trabajaban por el bien común, pero mantenían algunos derechos de propiedad personal.

234. Toda la tierra pertenecía en última instancia al Sapa Inca, que podía redistribuirla en cualquier momento.

235. Si las personas desobedecieran al Inca Sapa, podían ser ejecutadas.

236. **Las clases sociales se definían rígidamente dentro de la estructura gubernamental.** La nobleza y los sacerdotes estaban en la cima, seguidos por los artesanos, y luego los campesinos en la parte inferior.

237. **Los incas tenían un sistema de justicia y leyes muy sofisticado,** con tribunales de justicia para resolver disputas entre ciudadanos o miembros de diferentes clases sociales.

238. **Los impuestos se hacían en mano de obra en lugar de dinero.** Todos debían pagar tributos a través de su trabajo en proyectos públicos, como la construcción de carreteras, puentes y terrazas agrícolas.

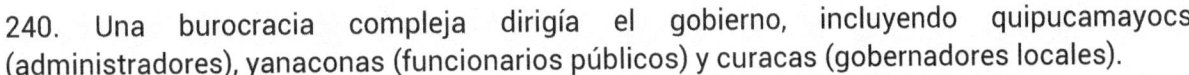

239. **La religión incaica influyó en gran medida en todos los aspectos de la política.** Se llevaban a cabo ceremonias religiosas para todas las decisiones importantes tomadas por el Inca Sapa o sus asesores. La mayoría de los historiadores consideran que el gobierno inca es un tipo de teocracia.

240. Una burocracia compleja dirigía el gobierno, incluyendo quipucamayocs (administradores), yanaconas (funcionarios públicos) y curacas (gobernadores locales).

241. **El Imperio inca utilizó varios métodos para mantener el control sobre sus vastos territorios.** Por ejemplo, el Sapa Inca enviaba espías para vigilar a sus gobernadores. También utilizaba ejércitos y construía fortificaciones.

242. **Los incas creían en un concepto llamado ayni,** que es la idea de responsabilidad mutua entre los ciudadanos para garantizar que todos tengan suficiente comida, refugio y ropa.

243. Cada provincia estaba dividida en unidades más pequeñas llamadas "ayllus", que eran dirigidas por un jefe llamado "curaca".

244. **Las curacas gobernaban las aldeas de acuerdo con las leyes consuetudinarias establecidas por los jefes tribales.** También buscaban orientación de los niveles superiores de autoridad, como los gobernadores regionales e incluso el propio Sapa Inca.

245. **El gobierno incaico estaba algo descentralizado, con muchos gobernantes regionales** que respondían directamente al Sapa Inca o a sus representantes personales. Esto les permitía responder rápidamente cuando surgían amenazas de enemigos externos.

246. Los incas a veces usaban a los líderes religiosos locales como intermediarios para tratar los problemas a nivel local en lugar de depender solo de la burocracia imperial.

247. **Gobernar un imperio de este tamaño requería un sistema de comunicación confiable.** Los incas utilizaban una red de corredores (conocidos como chasquis) que podían viajar más de tres mil millas en unas pocas semanas. Entregaban mensajes mientras viajaban de una región a otra.

248. **Los chasquis no solo eran corredores, sino también espías.** Informaban sobre cualquier actividad sospechosa y posibles amenazas externas al imperio.

249. Los líderes comunitarios, los jefes y otros miembros respetados del imperio ayudaban a hacer cumplir las leyes.

250. **El Imperio inca promovía la paz**, pero si alguien violaba la ley, su castigo era severo.

Comida y cocina de los incas

La mayoría de la gente sabe que los incas fueron uno de los imperios más grandes de la América precolombina. Pero, ¿cuánto sabe sobre sus comidas? **Descubra treinta datos interesantes sobre sus comidas.** Puede sorprenderse al ver algunos de sus alimentos más comunes.

251. Los incas solían comer maíz, patatas, quinoa, mariscos, cobayas y carne de llama.

252. Cultivaban en terrazas a los lados de las montañas para facilitar el acceso al agua de ríos o manantiales.

253. **Utilizaban condimentos como chiles y ají** (un tipo de pimiento) para dar sabor a sus platos.

254. La quinoa era considerada sagrada por los incas porque les proporcionaba importantes vitaminas y minerales necesarios para una buena salud.

255. **Las patatas eran una de las verduras más populares.** Se podían almacenar fácilmente en almacenes subterráneos llamados "colcas".

256. El *cuy* (cobaya) todavía se sirve en Perú como parte de las comidas tradicionales.

257. **La chicha de jora es una bebida fermentada a base de maíz.** Durante el Imperio inca, se bebía en ocasiones especiales, como ceremonias religiosas o festivales.

258. El locro es un plato parecido a una sopa con queso, patatas, chiles y cebollas.

259. Los incas creían que la comida era sagrada y estaba conectada con sus dioses, por lo que tenían rituales especiales antes de comerla.

260. **En promedio, comían dos veces al día:** una gran comida al mediodía y una cena o merienda más ligera.

261. **El maíz era uno de los principales cultivos básicos para los incas.** Se preparaba de muchas maneras: hervido, asado o haciendo una masa.

262. Los incas consumían varios tipos de insectos comestibles, que aportaban una buena cantidad de proteínas.

263. La pachamanca era un plato cocinado con piedras calientes colocadas dentro de un horno excavado en el suelo y lleno de carnes, verduras y patatas.

264. **Los incas comían muchos bichos de mar**, como pescado, mejillones y mariscos.

265. **Utilizaban cestas de paja tejida para almacenar granos y otros alimentos secos.** Al mantener los alimentos alejados de la humedad, los incas podían disfrutar de alimentos frescos durante períodos más largos.

266. Los incas cocinaban con estufas de leña llamadas "huatias", que tenían respiraderos para regular el calor.

267. Un plato popular durante las fiestas eran los tamales hechos de maíz mezclado con manteca de cerdo o grasa, chiles, cebollas y queso.

268. Los incas a menudo comían charqui (carne de llama seca).

269. Los incas solían comer en el suelo y no usaban una mesa.

270. La chicha de molle es una bebida tradicional elaborada a partir de las bayas rojas del molle.

271. El ajiaco es un guiso con patatas, chiles, queso y otros ingredientes como maíz o frijoles.

272. **El ceviche todavía se come en Perú como parte de las comidas tradicionales.** Se elabora curando el pescado en zumo de lima mezclado con cebolla, chile, ajo y hierbas.

273. Las patatas también podrían ser postres, como los picarones (rosquillas fritas).

274. **Las sopas tenían gran protagonismo en su cocina. El locro de zapallo** (sopa de calabaza) estaba hecho de puré de calabaza mezclado con patatas, granos de maíz y hierbas.

275. Los platos de quinoa se aromatizaban con especias como huacatay (menta negra), pasta de chile y hojas de orégano.

276. **El chuño blanco era un tipo de patata liofilizada** que se usaba para hacer platos como sopas y guisos. ¡Siguen siendo un plato muy popular!

277. **Los incas disfrutaban de diversas frutas**, como papaya, guayaba, maracuyá y chirimoya.

278. Un plato popular que se servía durante las fiestas era el chiriuchu, hecho de verduras asadas, chiles y patatas.

279. Los bocadillos populares incluían granos de maíz secos llamados "mote" o "quinoa reventada", que a menudo se endulzaban con miel o jugo de caña de azúcar.

280. **Los incas tenían un plato llamado "maiz tostado"**, que consistía en asar los granos de maíz sobre una llama abierta y luego machacarlos para hacer harina y crear tortillas u otros platos.

La vestimenta de los incas

La ropa de los incas es tan interesante como su comida. Divulgaremos treinta datos interesantes sobre la forma en que se creaba su ropa, así como sus estilos comunes.

281. Los incas usaban materiales naturales, como algodón, lana de llama y fibras de alpaca, para hacer su ropa.

282. La ropa para la familia real de los incas estaba hecha de telas delicadas teñidas con colores brillantes o decoradas con plumas o adornos dorados.

283. **Los plebeyos solían tener prendas más simples, como túnicas** (camisas largas) hechas de algodón o lana que podían teñirse de manera diferente dependiendo del estatus dentro de la sociedad. El rojo era para los guerreros y el amarillo para los sacerdotes.

284. Como forma de identificación, cada clase tenía su propio estilo distintivo, que incluía diferentes sombreros según el estatus social. La realeza podría identificarse por los sombreros más elaborados.

285. **Los estilos de ropa fueron diseñados para abrigar a las personas durante los fríos inviernos de montaña** y protegerlas de la fuerte luz solar en las altitudes durante el verano. Muchas prendas de vestir presentaban mangas largas y escotes altos por este motivo.

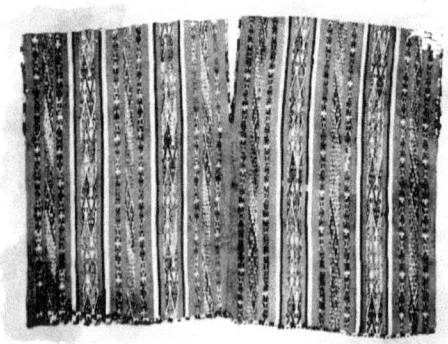

286. Las mujeres generalmente se cubrían con una falda envolvente llamada "anaku". Esta falda les llegaba hasta los tobillos.

287. Los hombres llevaban pantalones hasta la rodilla y una túnica larga con mangas hasta los codos, generalmente hecha de lana o fibras de alpaca.

288. El calzado para hombres y mujeres consistía en sandalias hechas de correas de cuero o bandas de tela ajustables en el tobillo.

289. **La nobleza a menudo tenía ropa decorada con metales preciosos, como oro y plata.** Su ropa podría incluso tener bordados de hilos de oro y plata en patrones intrincados.

290. **Además de las prendas tradicionales, los incas también usaban diversos artículos decorativos** como collares o colgantes alrededor del cuello, que podían adornarse con plumas, piedras y caracolas.

291. **Los textiles eran considerados muy valiosos por los incas.** Usaban textiles como moneda al intercambiar bienes entre sí en lugar de usar monedas u otras formas de dinero.

292. El sombrero más común se llamaba "chullo", un sombrero con orejeras diseñado para protegerse contra el clima frío.

293. Los incas usaban una forma tradicional de tejer llamada "telar de cintura" para crear sus tejidos.

294. Las mujeres a menudo usaban túnicas largas con un cinturón grande alrededor de la cintura. Su ropa generalmente estaba hecha de lana o algodón.

295. **El calzado inca se llamaba "usutas".** Las usutas eran sandalias que estaban hechas de una sola pieza de cuero o tela.

296. **La mayoría de la ropa inca era tejida a mano en un telar y decorada** con colores brillantes o diseños intrincados. Esta habilidad se transmitió de generación en generación.

297. Los incas usaban botones hechos de arcilla que luego se unían con cuerdas o hilos.

298. Las mujeres de la realeza llevaban elaborados tocados sobre sus hombros que incluían plumas, borlas doradas, cuentas y trozos de tela.

299. Los reyes incas a menudo usaban grandes túnicas emplumadas. Estas túnicas representaban poder y autoridad.

300. **Los incas también usaban ponchos.** Un poncho consistía en una sola pieza rectangular de tela que se usaba alrededor de la cintura o los hombros como una capa. **Los ponchos solían presentar intrincados diseños bordados** en sus bordes.

301. **La ropa tenía fines específicos según el género.** La ropa de los hombres era generalmente para la caza y la protección, mientras que las **prendas de las mujeres generalmente tenían un propósito decorativo** que mostraba su posición social o belleza a través de intrincados diseños y trabajos de bordado.

302. Los incas usaban tintes de plantas, animales y minerales para crear colores brillantes al teñir sus telas.

303. También usaban cochinillas o musgos cultivados localmente cerca de Cuzco (la capital).

304. **Las plumas más preciadas en la sociedad incaica eran las del ave quetzal.** El quetzal es un ave de colores brillantes, nativa de América Central y del Sur. Tiene una cola larga y verde, y las plumas de su cola eran consideradas sagradas por los incas.

305. Los incas a menudo usaban capas para protegerse contra el clima frío de la Cordillera de los Andes.

306. **Los chales o pañuelos se usaban comúnmente para mantenerse calientes** y podían estar hechos de varios materiales, como algodón, alpaca y lana de llama.

307. Los incas creían que ciertos colores tenían propiedades mágicas, y tenían esto en cuenta a la hora de teñir la ropa.

308. **Las borlas eran piezas decorativas populares** y se agregaban a las ropas o a las joyas como adornos.

309. Las telas a menudo se decoraban con intrincados patrones geométricos, figuras de animales y símbolos para representar diferentes aspectos de su cultura.

310. **Las jóvenes llevaban cintas de colores en el pelo,** considerado un signo de belleza. Estas decoraciones para el cabello pueden ir desde simples lazos hechos de tela de lana hasta diseños más elaborados con cuentas doradas.

Arte e historias de los incas

Este capítulo detalla veinticinco hechos increíbles sobre obras de arte e historias incas. Hablamos de **sus intrincados textiles** y **bellas esculturas**, así como de algunos de sus **mitos más populares.**

311. **Los incas hacían hermosas obras de arte en sus textiles**, y a menudo las decoraban con imágenes de animales, de la naturaleza y los dioses.

312. El arte inca se utilizaba para decorar las paredes de los edificios y contar historias sobre su cultura.

313. La historia y los cuentos incas se transmitían oralmente a través de generaciones.

314. **El tipo más famoso de historias incas son los mitos de la creación.** Cuentan cómo surgieron ciertas cosas en su mundo y qué dioses fueron responsables.

315. Muchas canciones y poemas de esta época contaban historias sobre la naturaleza, el amor, la guerra y la religión.

316. Los escritores incas escribieron más tarde sobre el mundo natural y cómo las personas deberían vivir en armonía con él, lo que sigue siendo una parte importante de su cultura.

317. La literatura que tenemos de los incas proviene de personas de ascendencia inca de períodos posteriores. Uno de **los escritores incas más famosos fue Wamán Poma de Ayala**, que vivió en el siglo XVI.

318. La mayoría de los historiadores creen que los cuentos sobre criaturas míticas como los pumas pueden haberse transmitido de generación en generación a través de técnicas de narración quipu. Los nudos de un quipu podrían atarse de diferentes maneras para representar diferentes números, por lo que las cuerdas podrían haberse dispuesto en diferentes patrones para representar diferentes historias.

319. En la cerámica inca, eran comunes los diseños geométricos, como franjas de triángulos repetidos, cuadrados, líneas rectas y escalonadas y formas vegetales estilizadas.

320. El tipo más famoso de obras de arte hechas por los incas son los tapices tejidos con hilos de colores brillantes hechos de lana o algodón. Estos tapices pueden podían colgarse en las paredes como cortinas.

321. Animales como llamas, jaguares y cóndores eran comúnmente representados tanto en las historias como en el arte porque tenían un significado espiritual.

322. El sol y la luna eran los símbolos más comunes en el arte inca.

323. **La figura más importante en las historias incas era Viracocha (o Wiraqucha)**, un dios poderoso que creó el mundo. A menudo se le representa en pinturas y esculturas de esta época.

324. **Una forma interesante de contar historias eran los cantos mnemotécnicos** que ayudaban a las personas a recordar hechos y figuras importantes sin tener que escribir nada. **Estas canciones todavía se interpretan hoy en día** en algunas partes del Perú como parte de las tradiciones folclóricas que honran a los antepasados.

325. **Los arqueólogos, historiadores y lingüistas han estudiado los quipus durante mucho tiempo.** Existe un debate sobre si solo se trata de estadísticas, números, población y años o si tal vez cuentan una historia más profunda e intrincada.

326. **Aunque la mayoría de las obras de arte de esta época han sido destruidas o dañadas,** algunas piezas permanecen intactas hasta el día de hoy, como algunas paredes de piedra con imágenes talladas o pinturas.

327. Los orfebres que trabajaban para las familias reales creaban esculturas o estatuillas increíblemente detalladas con metales preciosos, que podían ofrecerse a las deidades durante ceremonias especiales.

328. Los incas creían en el poder de la narración para enseñar lecciones morales y valores importantes.

329. **Aunque las historias y poemas incas no fueron escritos,** es probable que algunos de sus elementos sobrevivieran entre los pueblos indígenas del antiguo Imperio inca, especialmente en Perú.

330. **Una historia de esta época se llama la "Leyenda de Tunupa",** que cuenta la historia de un príncipe inca que lucha con los dioses de la naturaleza antes de encontrar a su verdadero amor.

331. Las historias incas a menudo presentan personajes que deben luchar contra las fuerzas de la naturaleza o los dioses para lograr sus objetivos y demostrar su coraje, fuerza y perseverancia.

332. Los incas tejían plumas de colores brillantes para crear intrincados patrones y diseños.

333. **Una de las leyendas más famosas del Imperio inca es la de Pachacuti**, un gran gobernante y guerrero que conquistó muchas tierras y las unificó en un solo reino.

334. **Otra leyenda popular cuenta la historia de Manco Capac**, el legendario fundador de la civilización inca que descendió del cielo para crear un nuevo hogar para su pueblo en Perú.

335. **La rueda de cerámica no existió en el Imperio inca hasta la llegada de los españoles**, pero los ceramistas incas construían vasijas visualmente impresionantes y estructuralmente complejas. La arcilla se presionaba contra un material endurecido para adaptarse a su forma.

Medicina incaica y prácticas de salud

Examine el mundo de la medicina incaica. Le ofrecemos veinte datos interesantes **sobre el uso de hierbas, plantas, minerales y tratamientos espirituales** para curar dolencias físicas o mentales según los incas.

336. Los incas creían que las enfermedades eran causadas por malos espíritus.

337. Los incas usaban muchas hierbas, plantas y minerales para hacer medicinas para los enfermos.

338. Las hierbas eran una parte importante de la medicina inca. Se podían comer o usar como ungüento.

339. Para diagnosticar enfermedades, los curanderos incas hacían preguntas sobre síntomas, hábitos o sueños antes de recomendar cualquier tratamiento.

340. **Los tés de hierbas se usaban comúnmente para tratar resfriados, fiebres y otras dolencias**, mientras que los aceites derivados de plantas se podían frotar en el cuerpo para aliviar el dolor.

341. **Los incas creían en el poder de la curación natural a través de la exposición al sol**, por lo que tenían una práctica en la que los individuos se exponían a la luz solar.

342. La **fertilidad de las mujeres se trataba con plantas como la raíz de maca**, que todavía se utiliza por las mujeres peruanas con la esperanza de concebir hijos más fácilmente.

343. Los antiguos curanderos incas podían realizar operaciones como la trepanación, que es la perforación de agujeros en el cráneo para aliviar la presión.

344. **Muchos remedios incorporaban rituales religiosos**, como cantar oraciones al preparar medicamentos o hierbas para darles más poder y potencia.

345. **El Imperio incaico tenía un sistema** con médicos profesionales, cirujanos y herbolarios llamados yachac kamayuks, o "personas sabias", que trataban enfermedades y lesiones en la comunidad.

346. **La planta de coca andina era considerada sagrada en la antigüedad.** La gente masticaba estas hojas antes de ceremonias religiosas o viajes largos debido a sus efectos energizantes, que duraban más que los estimulantes a base de azúcar como el café.

347. Durante la curación, algunas tribus creían que ofrecer un alma animal ayudaría a curar las enfermedades que afligían a su gente.

348. **Los médicos incas a menudo usaban el poder de la sugestión para tratar enfermedades**, creyendo que si un paciente estaba convencido de que su enfermedad podía curarse, sucedería.

349. **Los amuletos se usaban como talismanes protectores contra enfermedades o lesiones**, y cada objeto mágico tenía un propósito específico, como curar mordeduras de serpientes o proteger a una persona de los rayos.

350. **Los baños de hierbas eran populares entre los incas adinerados** que disfrutaban tomando largos baños en aceites fragantes diseñados para relajar los músculos después del trabajo o curar lesiones sufridas durante la batalla.

351. Los antiguos médicos incas sabían cómo la presión del aire afectaba a la química de un cuerpo. Trataban el mal de altura con descanso en altitudes más bajas.

352. La sífilis y la tuberculosis fueron dos de las enfermedades más comunes en los territorios incas precolombinos.

353. ¡Los incas podían realizar transfusiones de sangre!

354. Después de las operaciones exitosas, los pacientes a menudo recibían regalos como hojas de coca para ayudar a reducir el dolor y promover la curación, y ofrecían oraciones a la Pachamama (Madre Tierra).

355. **El inca tenía una conexión espiritual con el entorno que los rodeaba**, creyendo que toda la vida estaba conectada y podía comunicarse a través de la oración o el sacrificio para ayudar a curar las dolencias que afligen el cuerpo.

Sociedad inca y estructura social

Explore estos veinte **datos fascinantes sobre cómo se estructuraba la sociedad inca.** Observe la **visión de los incas sobre el matrimonio y qué derechos tenían las mujeres** durante la época del Imperio inca.

356. El sumo sacerdote y el general ayudaban a aconsejar al Sapa Inca y eran vistos como figuras poderosas en la sociedad.

357. La sociedad inca se organizaba en clanes, cada uno con su propio líder.

358. Había tres clases sociales principales en el Imperio inca: el Sapa Inca y su familia, los nobles y los plebeyos.

359. **Los nobles incluían sacerdotes**, un gran número de guerreros profesionales y funcionarios del gobierno. Casi todas estas personas tenían acceso a la riqueza y/o al poder.

360. Los plebeyos trabajaban en la agricultura o en las minas o creaban artesanías, como textiles para la ropa o cerámica para almacenar alimentos.

361. El matrimonio entre personas de diferentes clases sociales era muy raro, aunque a veces sucedía.

362. El padre encabezaba la familia inca y era responsable del bienestar del grupo familiar. Si moría, el hijo mayor o el hombre más responsable tomaba su lugar.

363. Las mujeres tenían un estatus comparativamente alto en la sociedad incaica de la época y se les permitía poseer tierras y propiedades.

364. **La coya, la reina inca, a menudo era consultada sobre decisiones políticas importantes.** También era responsable de representar al imperio en importantes ceremonias y festivales.

365. La coya era responsable de supervisar la educación de los niños reales, y solía participar en obras de caridad.

366. Se esperaba que todos los niños aprendieran el idioma y las tradiciones incas.

367. **Los nobles eran responsables de gobernar sobre sus propias regiones o provincias** dentro del imperio y recaudar impuestos en nombre del Inca Sapa, así como proporcionar soldados para su ejército cuando fuera necesario.

368. Los sacerdotes mantenían templos religiosos en todas las regiones y realizaban ceremonias.

369. **Cada miembro de la sociedad tenía deberes que cumplir**, desde plebeyos que trabajaban en granjas hasta funcionarios de alto rango responsables de gobernar provincias o incluso imperios enteros.

370. **Los incas creían en un fuerte sentido de comunidad.** Todos tenían un papel importante que desempeñar para mantener el orden y la armonía en su sociedad.

371. **Cada miembro de la familia trabajaba en conjunto en tareas comunes**, como la agricultura y la construcción de viviendas, al tiempo que tenía responsabilidades individuales según su edad y género.

372. **Las casas de los funcionarios eran más bonitas y más grandes que las de los plebeyos.** Sus casas estaban hechas de piedra o adobe, y tenían techos de paja. A menudo tenían dos o tres pisos de altura y tenían varias habitaciones.

373. **Las casas de los plebeyos estaban hechas de ladrillos de barro** y tenían techos de paja. Por lo general, tenían solo un piso y dos o tres habitaciones.

374. **Las mujeres incas se casaban alrededor de los dieciséis años**, mientras que los hombres se casaban alrededor de los veinte. La edad para contraer matrimonio dependía de la clase social; los nobles tendían a casarse más tarde que los plebeyos.

375. El matrimonio tradicional entre dos personas era la regla en el Imperio inca, pero al Sapa Inca se le permitía tener más de una esposa.

Agricultura y acuicultura incaicas

Descubra el fascinante campo de la agricultura y acuicultura incaicas. Este capítulo analiza cómo los incas cultivaban alimentos y regaban sus cultivos en las regiones montañosas del Perú.

376. **En las fértiles tierras altas del Perú, los incas cultivaban** maíz, patatas, frijoles, calabazas, tomates y otros productos.

377. Los incas también cultivaban algodón para ropa y textiles.

378. **Los incas construyeron bancales (campos en forma de terrazas) en laderas empinadas** para permitir el drenaje del agua y para que los cultivos pudieran crecer mejor incluso a mayores altitudes.

379. **Los incas tenían una forma temprana de seguro de cosechas llamada mit'a,** donde los agricultores podían pedir prestadas semillas de un almacén del gobierno si sus cosechas fallaban debido a la sequía u otros desastres naturales.

380. **La pesca era una forma importante de obtener alimentos de fuentes de agua dulce,** como ríos, arroyos o lagos, y directamente de las costas, donde podían encontrar peces de agua salada.

381. Los incas fabricaban sus redes de pesca con una variedad de materiales, incluyendo algodón, lana y fibras vegetales.

382. **Tenían sofisticados sistemas de acuicultura,** donde cultivaban varios tipos de mariscos, como mejillones, ostras y almejas, en estanques especiales junto con algunas especies de algas comestibles.

383. **Para proporcionar un mejor hábitat a sus animales acuáticos, los incas construyeron canales** para que el agua pudiera ser traída de otras áreas a estos lagos artificiales con mayor facilidad.

384. Los incas fueron una de las primeras civilizaciones en comenzar a criar llamas, lo que les proporcionaba carne y lana para la ropa, ya que el pelo de la llama es bastante cálido incluso cuando está mojado.

385. También domesticaron alpacas, animales parecidos a las llamas, pero más pequeños. Estos animales producían una fibra especialmente suave que era muy apreciada por la realeza debido a su fina textura, lo que la hacía perfecta para tejer ropa bonita.

386. Uno de los cultivos más importantes de los incas era la quinoa, un tipo de grano originario de América del Sur que hoy en día es muy popular. Contiene altas cantidades de proteínas, fibra y minerales.

387. Los incas eran conocidos por usar guano (fertilizante hecho de excrementos de aves o murciélagos), que ayudaba a aumentar los rendimientos en áreas agrícolas al proporcionar al suelo nutrientes esenciales, como nitrógeno y fósforo.

388. Los agricultores rotaban los diferentes campos anualmente para que la fertilidad del suelo no disminuyera con el tiempo debido a la siembra continua sin interrupciones entre las temporadas de cultivo.

389. Los incas utilizaban complejos sistemas de riego llamados "acequias" antes de la llegada de los europeos. El sistema todavía se utiliza en algunas zonas de Perú y Bolivia.

390. Los incas tenían una amplia variedad de herramientas para diferentes tareas agrícolas, como palos de excavación utilizados para plantar semillas y largos postes de madera con piedras afiladas unidas al extremo, que ayudaba a romper el suelo duro para trabajarlo más fácilmente.

Arquitectura y tecnología

Este capítulo revelará la fascinante historia de la arquitectura y la tecnología incas, mostrando obras como **el majestuoso Machu Picchu y Sacsayhuamán.** Examinaremos veinte datos interesantes sobre las increíbles habilidades constructivas de los incas.

391. Los incas construían sus ciudades en la cima de colinas y montañas para protegerse de los enemigos.

392. Eran hábiles para construir puentes en medio de profundos cañones usando solo cuerdas, árboles y piedras.

393. Sus edificios estaban hechos de bloques de piedra que encajaban con tanta precisión que ni siquiera se podía deslizar un pedazo de papel entre ellos.

394. Los incas no tenían ruedas ni bestias de carga como caballos o burros, pero aún así lograron construir caminos en todo el imperio.

395. **Machu Picchu es uno de los ejemplos más conocidos de la arquitectura inca.** Está declarada Patrimonio de la Humanidad por la UNESCO desde 1983 debido a su increíble ingeniería, con terrazas talladas en acantilados y sistemas de agua que la atraviesan.

396. **Los incas utilizaban una técnica llamada "sillar"**, una antigua forma de mampostería donde las piedras se cortaban y se encajaban perfectamente sin mortero ni cemento.

397. Los incas usaban un dispositivo llamado tupu para mantener sus piedras juntas al construir edificios.

398. **Para construir estructuras altas como templos, usaban troncos** como andamios y luego rellenaban alrededor con bloques de piedra como soporte.

399. **No tenían herramientas de hierro o acero**, usaban rocas más duras como obsidiana o cinceles de madera con punta de bronce.

400. **Para transportar piedras pesadas, los incas las rodaban sobre troncos** engrasados con grasa animal. Esto les permitía mover rocas de hasta diez toneladas.

401. Los incas construyeron acueductos para transportar el agua de las montañas a sus ciudades y terrazas agrícolas.

402. Las ciudades incas se construían con técnicas de ingeniería altamente avanzadas, muchas de las cuales todavía se están estudiando en la actualidad.

403. **En Cuzco, desarrollaron un plan urbano que dividía la ciudad en cuatro secciones: Hanan** (arriba) y **Hurin** (abajo) para cada lado de la ciudad, más dos partes pequeñas llamadas **Camac** y **Chincha** ubicadas hacia el centro de la ciudad.

404. **Sacsayhuamán era una fortaleza construida en una colina sobre Cuzco** y estaba hecha de enormes piedras, ¡algunas pesaban hasta doscientas toneladas!

405. **Crearon un sitio de observatorio astronómico llamado Chankillo**, que consta de trece torres alineadas a lo largo de dos líneas paralelas, todas orientadas hacia el este. Se cree que se ha utilizado para medir cambios estacionales o predecir eclipses.

406. **El "muro en zigzag" es una característica única de Chankillo.** Se trata de una larga muralla que discurre a lo largo de la parte superior de la cima donde se encuentran las torres. La pared zigzaguea, y se cree que se usaba para rastrear el movimiento del sol durante todo el año.

407. **Los incas utilizaban técnicas avanzadas como el "corbel"**, una disposición de piedras que permitía hacer una estructura en forma de cúpula sin mortero y con un apoyo mínimo.

408. Las paredes del sitio sagrado de Machu Picchu están alineadas con las direcciones cardinales: norte, sur, este y oeste.

409. **También empleaban mampostería trapezoidal en sus edificios**, es decir, que cada piedra tiene un ángulo ligeramente diferente para encajar con su vecina. Esto les permitía crear muros y estructuras con una resistencia superior a las realizadas con bloques de bordes rectos.

410. Los incas también usaban cemento hecho de ceniza volcánica para unir piedras en estructuras sólidas, haciendo que sus edificios duraran más que los construidos sin cemento.

Guerra inca y tácticas militares

El Imperio inca no habría sido tan grande si no fuera por su ejército. Este capítulo revelará veinte hechos intrigantes sobre sus armas, tácticas y ejército.

411. Los guerreros incas luchaban con armas como lanzas, hachas, hondas, arcos y flechas.

412. Los guerreros tenían que estar muy en forma y ser fuertes para luchar en el ejército inca.

413. **El ejército inca se componía de dos partes principales**: soldados profesionales llamados *aucac* y reclutas de la población general conocida como *yana*.

414. **Entre los *aucac* había soldados especializados**, incluidos los responsables de recopilar información sobre los enemigos antes de que comenzara la batalla.

415. Los soldados llevaban una armadura protectora hecha de cuero, tela o pieles de animales que decoraban con plumas y pintura para lucir feroces en la batalla.

416. Los soldados formaban líneas o columnas para poder usar sus escudos como protección contra las flechas entrantes o rocas arrojadas por el enemigo.

417. Los comandantes generalmente se quedaban en las bases de origen donde podían comunicar órdenes de manera más eficiente a través de tambores, silbatos y pancartas en lugar de depender solo de órdenes verbales, como lo hacían la mayoría de los ejércitos en ese entonces.

418. Cuando los incas querían mostrar su fuerza, marchaban por territorios enemigos con grandes grupos de guerreros portando escudos y armas como una intimidante demostración de fuerza.

419. La estólica, o lanzador de lanzas, es una herramienta que utiliza la fuerza del apalancamiento para aumentar la velocidad de una lanza. Los incas los usaban, al igual que los aztecas de México, que los llamaban "atlatl".

420. Los comandantes incas, conocidos como "capac apus" o "jefes de guerra", reunían información sobre sus enemigos y estudiaban sus tácticas y defensas. Luego desarrollaban estrategias usando las fortalezas de los militares incas, como su disciplina, ventaja numérica y conocimiento del terreno.

421. **El ejército estaba dividido en dos divisiones principales**: soldados de infantería equipados con lanzas y hondas y un pequeño número de soldados armados con arcos, flechas y lanzas.

422. **Durante este período existía una forma única de compensación**: unas pequeñas figuras de llamas echas en oro, entregadas por cada campaña militar exitosa o por lealtad al Inca Sapa.

423. **Los incas usaban rituales para prepararse para la batalla**, que podían incluir actividades como pintar piedras con imágenes de serpientes o pájaros y sacrificar una llama negra para representar la debilidad del enemigo.

424. Los comandantes incas generalmente colocaban a los arqueros en la cima de las colinas para disparar flechas a los enemigos desde una distancia más segura.

425. **Los incas no tenían caballería.** Las llamas se usaban para transportar suministros durante las guerras, pero no servían como monturas para los soldados.

426. Los líderes incas eran conocidos por su valentía y voluntad de luchar hasta la muerte si era necesario. Eran un ejemplo para que otros soldados lo imitaran.

427. **Antes de comenzar la batalla, los sacerdotes bendecían a los soldados** para que se sintieran seguros al luchar contra las fuerzas enemigas.

428. Las mujeres también desempeñaban un papel importante en el ejército trabajando como sanadoras o cuidando a las tropas heridas después de que terminaran las peleas.

429. El entrenamiento de guerreros generalmente comenzaba en la infancia en forma de peleas rituales y entrenamiento en artes marciales.

430. Los hombres que servían en el ejército inca tenían entre veinticinco y cincuenta años.

La educación en el Imperio inca

Este capítulo revelará diez datos sobre el sistema educativo del Imperio inca. Observe lo que estudiaban comúnmente y cómo se les enseñaba las lecciones a los niños.

431. Los incas tenían un sistema de separación entre la educación noble y la común.

432. El sistema educativo de los nobles en la sociedad incaica consistía en un programa de cuatro años con términos definidos de cursos. En el primer año, los estudiantes aprendían el idioma quechua. En el segundo año, los estudiantes estudiaban religión. En su tercer año, comenzaban a aprender quipu. En su cuarto año, volvían a centrarse en la religión.

433. **Los amautas enseñaban a los niños**, especialmente a los de la clase noble.

434. **El sistema educativo inca se basaba en la memorización**, y se requería que los estudiantes memorizaran largos poemas, canciones e historias.

435. "Yachaywasi" es un término quechua que se traduce como "casa del conocimiento" o "casa del aprendizaje". Era donde enviaban a los hijos de familias nobles a recibir su educación.

436. **La astronomía jugaba un papel importante en la educación.** Los incas creían que comprender las estrellas podría ayudarlos a predecir los patrones climáticos y planificar las actividades agrícolas.

437. La educación formal no estaba disponible para los hijos de campesinos o artesanos, que aprendían de sus padres.

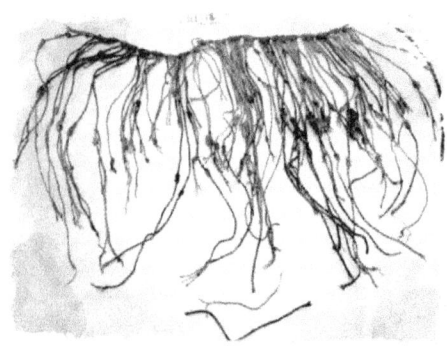

438. Los plebeyos aprendían habilidades prácticas como técnicas agrícolas para ayudar a mantener a sus familias a medida que crecían.

439. Las niñas eran elegidas de las aldeas y se les daba capacitación en hilado, tejido, cocina, chicha y religión.

440. Para alcanzar el estatus completo dentro de la nobleza inca, los estudiantes tenían que pasar exámenes difíciles.

Idioma de los incas

En este capítulo se hablará de la lengua de los incas, una de las lenguas más antiguas de Sudamérica. Prensentaremos **quince datos interesantes sobre el quechua**, sus diversos dialectos y cómo el español impactó en el idioma.

441. El quechua también se llama "runasimi", que significa "idioma de la gente". Era el idioma hablado por los incas.

442. **El quechua es una lengua aglutinante, las palabras son formadas con morfemas** (prefijos o sufijos) que se pueden combinar de varias maneras para crear nuevos significados. Esto hace que el quechua sea muy expresivo.

443. **El quechua tiene dos dialectos principales.** **Runa Simi** era el dialecto hablado por los incas y sus súbditos en las tierras altas centrales del Perú. Es el antepasado del **dialecto moderno quechua I.**

444. **Qulla Simi** **era el dialecto hablado por los incas** y sus súbditos en las tierras altas del norte y sur del Perú, así como en Ecuador, Bolivia, Chile y Argentina. **Es el antepasado del dialecto moderno quechua II.**

445. **Durante mucho tiempo, los lingüistas creyeron que el quechua era una lengua basada en sustantivos.** Si bien es cierto que el quechua tiene un gran número de sustantivos, también tiene un gran número de verbos. De hecho, algunos lingüistas han argumentado que el **quechua es en realidad un lenguaje orientado a los verbos.**

446. **El quechua tiene una variedad de términos coloquiales que se usan en el habla cotidiana**, así como palabras más formales reservadas para documentos oficiales y ceremonias religiosas.

447. **El quechua es mucho más antiguo que los incas** y posiblemente se originó unos mil años antes de su tiempo.

448. **El quechua es un idioma tonal**, por lo que la misma palabra hablada en diferentes tonos puede tener significados muy diferentes.

449. El quechua es una lengua indígena de Perú, Bolivia, Ecuador, Argentina y Chile (aunque se habla en menor grado en esos lugares).

450. Se cree que el quechua no tenía forma escrita hasta que los colonizadores españoles la introdujeron en el siglo XVI d. C.

451. **El idioma ha sido fuertemente influenciado por otras culturas** como los aymaras, huarpes y mapuches, que vivieron juntos en América del Sur en un momento u otro de la historia.

452. **El quechua fue reconocido por la UNESCO como patrimonio cultural vivo oficial de la humanidad en 2003.** Esto significa que la UNESCO reconoce al quechua como una lengua viva que es importante para el patrimonio cultural de la región andina.

453. Hay muchos dialectos "neoquechua" que se hablan hoy en día, que son una mezcla de español y quechua.

454. Los líderes incas eran conocidos por su elocuencia al hablar y a menudo usaban metáforas, símiles y lenguaje poético para inspirar a las personas o argumentar.

455. Hoy en día, la vestimenta tradicional del pueblo andino suele estar bordada con palabras o frases en quechua. De esta manera, pueden mostrar su cultura sin tener que decir nada.

Sistema de registros de los incas

Este capítulo analizará más de cerca el notable sistema de registros de los incas. Observe estos diez datos interesantes sobre el quipu y cómo se usaba.

456. A pesar de no tener un alfabeto escrito, los incas crearon un sistema de registro llamado "quipu".

457. **Quipu significa "nudo" en quechua.** Ahora es reconocido como un símbolo de la tradición, y en ocasiones se utiliza como material religioso en sus celebraciones comunales.

458. El quipu era un complejo sistema de anudamiento utilizado por la antigua civilización inca para registrar información, desde datos del censo y registros de impuestos hasta eventos históricos y ceremonias religiosas.

459. **El quipu o khipu tiene un diseño intrincado.** El uso de cuerdas de diferentes colores lo convierte en un método fascinante y único de mantenimiento de registros en el mundo antiguo.

460. **Los diferentes colores de un quipu representaban diferentes conceptos o ideas.** significados específicos de los colores variaban según la región y el propósito del quipu.

461. Puede que le sorprenda que los incas no fueron realmente quienes inventaron el quipu. El quipu se descubrió por primera vez en Wari, una sociedad del Horizonte Medio (un período sudamericano anterior). Los incas adoptaron más tarde el sistema quipu para fines administrativos.

462. Hace unos cien años, se pudo descifrar el sistema decimal indicado por los nudos en los quipus.

463. **Los quipus más grandes tienen hasta 1500 hilos**, que pueden estar anudados de muchas maneras que simbolizan diferentes cosas.

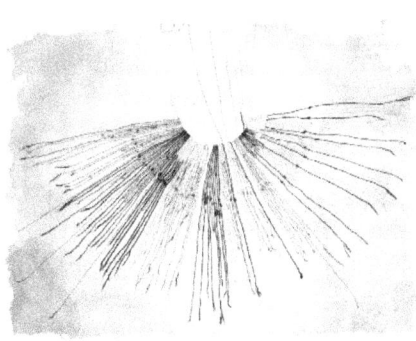

464. Los quipus eran conservados y mantenidos por lectores conocidos como quipucamayocs o khipukamayuqs. Hubo incluso algunos chamanes a los que se les enseñó la complejidad del sistema de nudos.

465. **La mayoría de los quipus tienen un cordón principal grueso y horizontal del que cuelgan algunos cordones más delgados**, de uno a más de mil. Muchas de esas cuerdas colgantes tienen nudos, que generalmente representan números en un sistema llamado base diez.

Comercio y economía de los incas

Este capítulo profundiza en las complejidades del comercio inca y la economía del imperio. Estos quince hechos cubren información sobre **el sistema de trueque, las políticas gubernamentales y los impuestos.** Si bien los impuestos no son algo divertido, esta información será realmente entretenida.

466. **Los incas no usaban dinero y tampoco lo necesitaban.** Su economía y sistema político estaban tan bien establecidos que todos podían satisfacer sus necesidades básicas.

467. Las personas intercambiaban cosas por otros productos que necesitaran utilizando el sistema de trueque.

468. **Cada familia inca tenía que dar una séptima parte de su cosecha cada año** al gobierno. A cambio, obtendrían comida, ropa y otros artículos necesarios de un almacén central.

469. **El ayllu era esencial para el crecimiento económico del Imperio inca.** Los ayllus eran familias que vivían en la misma comunidad y eran el núcleo de la productividad económica del imperio. Se especializaban en producir bienes o cultivos dependiendo de su ubicación.

470. Los incas recaudaban impuestos de diferentes regiones a cambio de protección de sus fuerzas militares y acceso a bienes producidos por otras partes del imperio.

471. **El trabajo colectivo era evidente en la economía inca.** Ayni era el concepto de que las personas de la comunidad deberían ayudarse mutuamente.

472. La gente participaba del *mink'a*, trabajo voluntario para ayudar a mejorar una comunidad. Esto podría ser construir nuevos acueductos o ayudar a construir un nuevo hogar.

473. Cada familia cultivaba su propiedad, pero no la poseía; era del gobierno inca.

474. El ayllu utilizaba el área para cultivar alimentos para el sustento de la familia.

475. **Los recursos centrales del Imperio inca** eran tierras agrícolas y mano de obra, minas y agua dulce.

476. **Los nobles y otros incas importantes estaban exentos del pago de impuestos laborales.** Incluso cuando los nobles morían, aún podían tener propiedades, y sus familiares o administradores de fincas podrían continuar acumulando dinero en su nombre. **Este sistema de herencia ayudó a asegurar** que la riqueza y el poder de la élite permanecieran dentro de sus familias.

477. **Las colcas, o instalaciones de almacenamiento controladas por el gobierno,** albergaban alimentos, mercancías y materias primas para protegerse contra cosechas inciertas o agitación política.

478. **Los incas comerciaban con las culturas vecinas**, algunas de las cuales conquistaron en años posteriores.

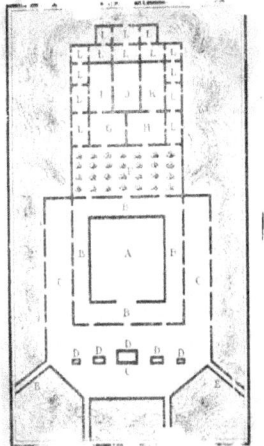

479. **Una de ellas era la Chachapoya, que vivían en la selva amazónica.** Eran conocidos por sus elaboradas fortificaciones y sus hábiles guerreros. **Los incas comerciaban con los chachapoya** por oro, plata y otros metales.

480. Los incas tenían barcos dignos de navegar que viajaban por toda la costa oeste de América del Sur para comerciar y pescar.

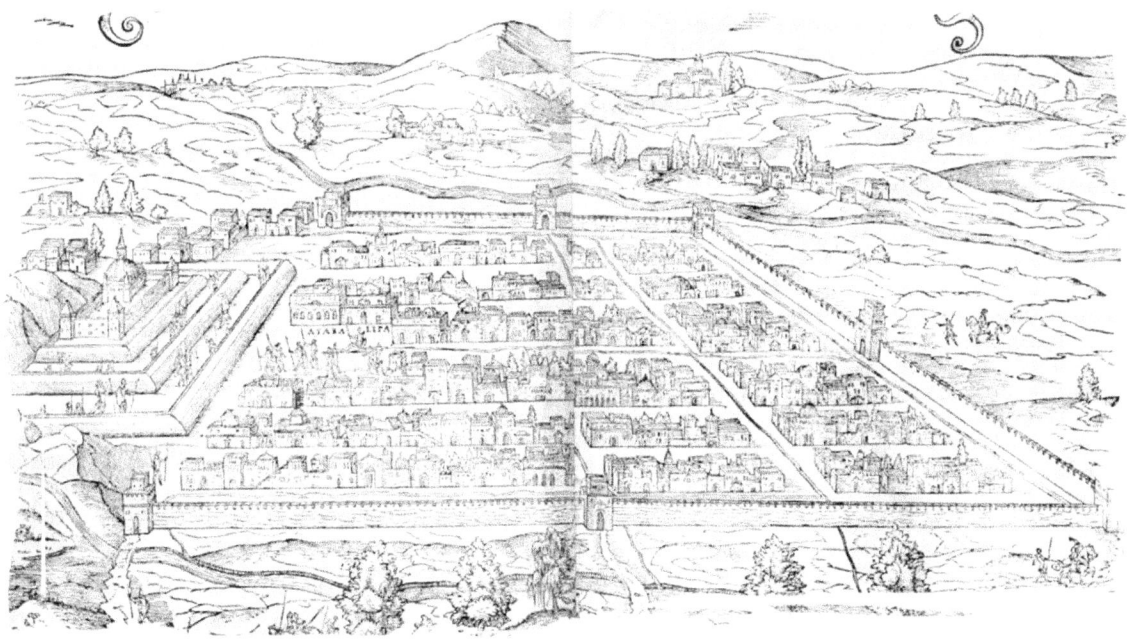

Música inca

Aprenda la fascinante historia de la música inca en este capítulo. Descubra diez datos interesantes sobre cómo se usaba la música, los instrumentos comunes y cómo se sigue usando hoy en día.

481. **Casi todos los instrumentos musicales incas se basaban en tradiciones** que comenzaron hace unos cuatro mil años en las tierras altas andinas.

482. Los incas usaban la música para contar historias, expresar emociones y transmitir conocimientos de una generación a otra a través de canciones.

483. **Tenían un complejo sistema de notación musical** que se utilizaba para grabar y transmitir música. Este sistema se basaba en una serie de símbolos que representaban diferentes tonos y ritmos.

484. La música inca a menudo presentaba temas relacionados con la naturaleza, como cantos de pájaros, cascadas y arco iris.

485. **Servía para funciones sociales,** como el entretenimiento en festivales, pero también para fines espirituales, durante los ritos sagrados.

486. **Los incas también usaban sus voces solas sin instrumentos de acompañamiento.** Cantar notas en un estilo antiguo llamado huayno sigue siendo popular entre las culturas andinas de Perú y Bolivia.

487. **La música inca a menudo iba acompañada de aplausos y cánticos.** Este ritmo ayudaba a mantener la música en movimiento y a crear una sensación de emoción. También ayudaba a crear un sentido de comunidad, ya que la gente aplaudía y cantaba junta.

488. Los incas usaban la música para hablar con los muertos, curar a los enfermos y en los entierros.

489. El tambor (*huancar*) estaba hecho con una base de madera ahuecada y piel de llama seca estirada firmemente a su alrededor. Los tambores se hacían en una variedad de tamaños para emitir varios sonidos.

490. **La *antara*, o flauta de pan, era el instrumento musical más singular y artístico de los incas.** Se componía de siete flautas que se agrupaban en secuencia descendente. El músico soplaba sobre la abertura, y cada flauta hacía un sonido único.

Joyería inca

En esta sección se dará a conocer el desarrollo de la joyería inca en el Perú desde el siglo XVIII hasta la actualidad. Examinemos diez datos fascinantes sobre la evolución de las técnicas de fabricación de joyas y la importancia cultural de la joyería inca.

491. Las técnicas de fabricación de joyas evolucionaron con el tiempo. Por ejemplo, cuando llegaron los colonos españoles, introdujeron nuevos materiales como cuentas de vidrio y metales como el cobre, lo que permitió crear diseños más intrincados utilizando el trabajo de filigrana o el método de granulación (una técnica avanzada que implica pequeñas bolas de metal unidas sin soldadura en la parte superior de los recortes de la placa para formar patrones como espirales o círculos).

492. En la época colonial, era común que las familias adineradas encargaran piezas hechas a medida a joyeros europeos, pero los artesanos locales también continuaron creando sus propias piezas únicas.

493. **La joyería inca se utilizaba como símbolo de riqueza y estatus.** Las familias más ricas llevaban grandes collares de oro con intrincados diseños y piedras incrustadas como signo de poder o rango dentro de la sociedad.

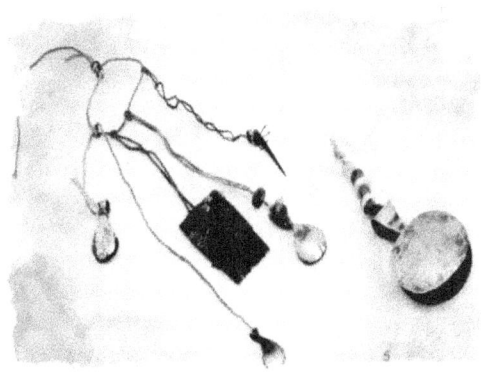

494. **En la época colonial, se hizo popular el uso de plata en lugar de oro** porque era más fácil de obtener y menos costoso, lo que permitía que más personas tuvieran acceso a hermosas joyas.

495. **Las formas más comunes eran discos, círculos, medias lunas o espirales,** que representaban ciclos, como fases lunares o estaciones. Estos símbolos todavía aparecen hoy en los diseños peruanos.

496. En el siglo XIX, se comenzaron a introducir diferentes materiales en la joyería tradicional inca, como las cuentas de coral de los países mediterráneos.

497. **La joyería inca de hoy se caracteriza por los colores vibrantes** de piedras preciosas naturales del Perú, como el turquesa y el lapislázuli.

498. **Se han conservado los diseños tradicionales**, pero se están utilizando nuevas técnicas, como el grabado láser, para crear patrones más intrincados en piezas que representan el patrimonio cultural.

499. **La joyería se ha convertido en una parte importante de la identidad peruana**, y muchos artesanos dedican sus vidas a crear hermosas piezas no solo para ellos, sino también para personas de todo el mundo.

500. **La joyería tradicional inca a menudo presenta símbolos como pumas** (que representan la fuerza) o cóndores (que representan la libertad).

Historia incaica

Mira otro libro de la serie

Fuentes y referencias adicionales

Lane, Kevin. *The Inca: Lost Civilizations*. 2022.

MacQuarrie, Kim. *The Last Days of the Incas*. 2008.

Malpass, Michael. *Daily Life in the Inca Empire*. 2009.

Sullivan, William. *The Secret of the Incas: Myth, Astronomy, and the War Against Time*. 1997.

Wellman, Billy. *The Inca Empire: An Enthralling Overview of the Incas*. 2023.